Daniela Nase

Pferde

Mit Illustrationen von
Hauke Kock

cbj

cbj ist der Kinder- und Jugendbuchverlag
in der Verlagsgruppe Random House

*Unser herzlicher Dank gilt Dr. Nicola Crüsemann, Dr. Renate Kreutz,
Christin Krischke, Dr. Ulrike Pospiech, Dr. Anna Rötting, Dr. Wilfried Rosendahl und
Matthias Körnich von der Redaktion der »Sendung mit der Maus«.*

Gesetzt nach den Regeln der Rechtschreibreform

1. Auflage 2007
© 2007 cbj, München
© I. Schmitt-Menzel / WDR mediagroup licensing GmbH
Die Sendung mit der Maus ® WDR
Lizenzagentur: BAVARIA SONOR, D-82031 Geiselgasteig
Alle Rechte vorbehalten
Lektorat: Ulrike Hauswaldt
Redaktion: Anette Reiter
Bildredaktion: Tanja Nerger
Umschlagbild und Innenillustrationen: Hauke Kock
Umschlagkonzeption: Init. büro für gestaltung, Bielefeld
Bildnachweis für Innenfotos: Action Press, Hamburg: 41 (Jean-Marie Tronquet); AKG, Berlin: 53 o. re.;
defd, Hamburg: 53 o. li. (PWE Verlag); Everline-Ekzemerdecke: 51 (Busse Sportartikel GmbH & Co. KG, Lohne,
www.busse-reitsport.de, auch über www.pferdepapst.com); Fotofinder GmbH, Berlin: 32, 33 re.
(Juniors-Bildarchiv), 33 li. (Wildlife); Gettyimages, München: 7 (Bridgeman Art Library), 8 (Hulton Archiv),
18 (Altrendo Images); Ifa-Bilderteam, München: 13/1, 13/2 (Maier R.); Kreutz, Renate: 16;
Mecom Medien-Communikations-Gesellschaft mbH, Hamburg: 42 (Anke Fleig/Sven Simon);
Panther Media, München: 13/6 (Sabine A.), 13/7 (Karin G.), 13/10 (Gabi A.);
Picture-Alliance, Frankfurt: 40 (ZB/Fotoreport), 53 u. (dpa-Bildarchiv);
Sorrel, Aichhalden: 13/3, 13/4, 13/5, 13/8, 29 (Gabriele Kärcher); Ullstein Bild, Berlin: 34 (KPA)
Mausillustrationen: Ina Steinmetz
AR • Herstellung: Ina Hochbach
Layout und Satz: Sabine Hüttenkofer, Großdingharting
Reproduktion: Wahl Media GmbH, München
Druck: TBB, Banská Bystrica
ISBN 978-3-570-13153-4
Printed in the Slovak Republic

www.cbj-verlag.de

Inhalt

4   Wie sah das erste Pferd aus?

6   Warum sitzen Prinzessinnen seitlich auf dem Pferd?

8   Was ist eine Pferdestärke?

10   Kann man auf Zebras reiten?

12   Wie viele Pferderassen gibt es?

14   Warum gibt es so wenige Schimmel?

16   Hat das Pferd eine lange Nase oder eine lange Stirn?

18   Warum fressen Pferde Äpfel und Möhren, aber keine Steaks?

20   Warum tut es dem Pferd nicht weh, wenn es Hufeisen bekommt?

22   Warum müssen Pferde gestriegelt werden?

24   Wie erkennt man, ob ein Pferd schlecht gelaunt ist?

26   Gibt es noch richtige Wildpferde?

28   Wie arbeitet ein Pferdeflüsterer?

30   Woher weiß das Pferd, was der Reiter auf seinem Rücken will?

32   Welche Gangarten haben Pferde?

34   Wie hoch können Pferde springen?

40   Wie werden Polizeipferde ausgebildet?

42   Woher kommt das Schäumen bei Pferden?

44   Wie wird ein Sattel gemacht?

46   Warum fallen Pferde beim Schlafen im Stehen nicht einfach um?

48   Wie können Pferde ihre Fohlen mit nasser Zunge trocken lecken?

50   Warum haben Pferde immer Fliegen an den Augen?

52   Welches sind die berühmtesten Pferde?

54   Mauslexikon*

55   Register

* Alle im Text farbig hervorgehobenen Begriffe werden im Mauslexikon erklärt.

Wie sah das erste Pferd aus?

Wenn ihr heute einem Urpferd im Wald begegnen würdet, kämt ihr wahrscheinlich nicht auf die Idee, dass dieses Tier ein Pferd sein könnte. Auch die Wissenschaftler, die das erste versteinerte Skelett eines Urpferdes gefunden haben, hielten das Tier noch für eine Art Kaninchen.

Der Urahn unserer Pferde würde euch gerade bis zu den Knien reichen. Begegnen könnt ihr ihm natürlich nicht mehr, denn das Urpferd lebte vor rund 55 Millionen Jahren und ist längst ausgestorben. So sah es ungefähr aus:

Das Urpferd hatte weder eine dichte Mähne noch einen wehenden Schweif und seine Fellzeichnung ähnelte der eines heutigen Rehs. Das hatte einen guten Grund: Das Urpferd lebte in einem Urwald und seine Fellfarbe war eine perfekte Tarnung. Mit aufgewölbtem Rücken, den Kopf nahe am Boden, suchte es im dichten Unterholz nach weichen Blättern und Früchten. Es hatte mehrere spreizbare Zehen an den Pfoten – hinten drei und vorne vier –, die ein Einsinken im weichen Boden verhinderten. An jedem der Zehen hatte das Urpferd schon kleine, runde Hufe.

Das Urpferd hatte viele Feinde, darunter auch den Laufvogel Diatryma.

**Hyraco-
therium**
(Urpferd) **Mesohippus** **Merychippus** **Dinohippus** **Equus**

Im Laufe von Millionen Jahren änderte sich in Teilen der Erde das Klima: Es wurde trockener, die Wälder lichteten sich und es entstanden weite, freie Grasflächen. Die Pferde passten sich den neuen Bedingungen an. Ihre Zähne wurden größer und fester, damit sie auch hartes Gras kauen konnten. Nach und nach entwickelten sich immer größere Pferde, die mit ihren längeren Beinen schneller vor Feinden fliehen konnten.

Und auch die vielen Zehen erwiesen sich auf dem harten Steppenboden als unpraktisch. Das größere Gewicht wurde besser von stärkeren Mittelzehen getragen. Die Nachfolger des Urpferdes hatten noch drei Zehen, von denen die mittlere mit der Zeit immer kräftiger wurde und schließlich einen einzigen, großen Huf ausbildete. Die anderen Zehen entwickelten sich zurück.

Hyracotherium (Urpferd)
Vor 55 Millionen Jahren
Größe: 40 Zentimeter
Vier Zehen vorne,
drei Zehen hinten

Mesohippus
Vor 40 Millionen Jahren
Größe: 60 Zentimeter
Drei Zehen, mittlere Zehe
deutlich kräftiger als die
seitlichen Zehen

Merychippus
Erster Steppenbewohner
Vor 20 Millionen Jahren
Größe: 1 Meter
Drei Zehen, lief aber fast nur
noch auf der mittleren und
kräftigsten Zehe.

Dinohippus
Das erste Pferd mit nur
einem Zeh
Vor 6 Millionen Jahren
Größe: 1,25 Meter

Equus
Urahn der heutigen Pferde
Vor 1 Million Jahren
Größe: 1,45 Meter

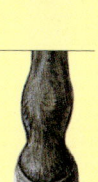

Warum sitzen Prinzessinnen
seitlich auf dem Pferd?

Um ehrlich zu sein, heute sitzen die meisten Prinzessinnen nicht mehr seitlich auf dem Pferd. Aber im Mittelalter war für adelige Damen kein anderer Sitz denkbar, galt es doch als überaus unschicklich, die Beine zu spreizen.

Wer mit geschlossenen Beinen auf dem Pferd sitzen muss, kann nur im Damensitz, das bedeutet mit beiden Beinen auf einer Seite des Pferdes, reiten. Wobei das Wort »reiten« etwas übertrieben ist, denn wenn man quer auf dem Pferd sitzt, kann man nicht selbst reiten. Die vornehmen Damen wurden geführt. Ein weiterer Grund für den Damensitz waren die langen Kleider der Prinzessinnen. Damit kann man in einem normalen Herrensattel gar nicht sitzen – der feine Stoff knittert, drückt oder reißt sogar kaputt.

Bis aber die ersten Prinzessinnen auf Pferden ritten, war es in der Geschichte von Mensch und Pferd ein weiter Weg. Die Wildpferde in der Steinzeit lebten frei in Herden und die Menschen jagten sie wegen ihres Fleisches.

Genau weiß man es nicht, aber ungefähr vor 5000 bis 6000 Jahren wurden die ersten Pferde gezähmt. Das war zu einer Zeit, als Hunde, Schafe, Ziegen und Geflügel schon lange als Haustiere bei den Menschen lebten. Das Pferd wurde vermutlich als Letztes gezähmt, weil es so groß, nervös und unberechenbar war. Möglicherweise hielten die Menschen Pferde zunächst nur wegen ihres Fells, des Fleisches und der Milch. Wer das erste Pferd bestiegen hat, um es zu reiten, oder ob es zuerst zum Ziehen benutzt wurde, ist nicht bekannt.

Aber kaum war das Pferd als Reit- und Zugtier entdeckt, da erkannte der Mensch auch seine Vorteile: Ein Reiter konnte eine Viehherde viel besser treiben und zusammenhalten als ein Mann zu Fuß. Und als Zugtiere waren Pferde viel schneller und auch besser zu lenken als Ochsen oder Esel.

Bald darauf saßen vermutlich die ersten Frauen seitlich auf dem Pferd. Es waren Bäuerinnen, beladen mit allerlei Körben und Hausrat – für Prinzessinnen völlig undenkbar.

Steinzeitliche Jäger bei der Pferdejagd

Der Mensch nutzte das Pferd auf verschiedene Arten:

Bevor es Traktoren gab, waren Pferde wichtige Helfer der Bauern.

Pferderennen und Wagenrennen gab es in Griechenland schon vor über 2500 Jahren.

Was ist eine Pferdestärke?

bwohl man mit einer Pferdestärke die Leistung von Maschinen und Motoren misst, hat das Ganze doch etwas mit Pferden zu tun. Die Begründung liegt wieder einmal in der Geschichte.

Arbeitspferde im Kohlebergwerk

Früher mussten Pferde hart arbeiten. Sie trieben zum Beispiel Pumpen in Bergwerken oder Mühlen an. Gegen Ende des 18. Jahrhunderts verbesserte James Watt die Dampfmaschine so entscheidend, dass mit ihrer Kraft dieselbe Arbeit viel schneller verrichtet werden konnte.

Um Bergwerksbesitzer und Müller von seiner Dampfmaschine zu überzeugen, musste Watt die Leistung von Pferd und Maschine genau vergleichen können. Er maß nach, rechnete hin und her und stellte schließlich fest, dass ein Pferd in einer Sekunde ein Gewicht von 75 Kilogramm einen Meter hochheben kann. Diese Leistung nannte Watt eine Pferdestärke. Seine Dampfmaschine hatte viele Pferdestärken und überzeugte deshalb.

Dampfmaschine und Pferd im Vergleich

75 kg

75 kg

Die Einheit Pferdestärke wurde auch lange verwendet, um die Leistung eines Automotors anzugeben. Die Vorläufer der Autos waren Kutschen. Ein Pferd, das zehn Stunden am Tag eine voll beladene Kutsche zieht, tut dies tatsächlich mit ungefähr einer Pferdestärke.

Wo wir schon gerade bei den Kutschen sind, machen wir damit auch weiter. Wagen aller Art waren lange Zeit das wichtigste Fortbewegungsmittel. Die Sumerer lebten vor ungefähr 5000 Jahren dort, wo heute der Irak ist. Sie erfanden das Rad und so kam die Geschichte ins Rollen. Erst zogen Pferde mit Waren beladene Fuhrwerke, später sehr häufig auch Kampfwagen.

Pferde wurden schon früh in Kriegen eingesetzt. Zuerst spannte man sie vor Streitwagen, später wurden sie auch von bewaffneten Soldaten geritten.

In der Landwirtschaft zog das Pferd den Pflug und Holzkarren mit der Ernte. Auch die Post wurde mit Kutschen befördert. Pferde zogen Feuerwehrwagen genauso wie die erste Straßenbahn. Wohlhabende Menschen fuhren mit der Kutsche in den Urlaub und benutzten leichte Wagen für die Jagd.

Mit der Erfindung des Motors wurden die Pferde als Zugtiere nicht mehr benötigt. Wer heute mit der Kutsche fährt, macht dies meist aus reinem Vergnügen.

Bis ins 19. Jahrhundert hinein wurden Personen, Nachrichten und die Post mit Pferdekutschen befördert.

Kann man auf Zebras reiten?

Immer wieder ist es gelungen, einzelne Zebras zu zähmen und sogar zu reiten. Im Zirkus und Film kann man solche Tiere sehen. Zebras zu reiten, ist aber schwierig, denn im Gegensatz zu Pferden sind sie nach wie vor Wildtiere. Sie werden nicht, wie die Pferde, seit mehreren Tausend Jahren von Menschen als Haustiere gehalten. Es fehlen also sehr viele Jahre der Gewöhnung, und deshalb werden Zebras nur selten so zutraulich, dass man sie reiten kann.

Warum sich der Mensch für das Pferd und nicht das Zebra als Haustier entschieden hat, kann man nur vermuten. Es könnte daran liegen, dass das Zebra empfindlicher und anfälliger für viele Krankheiten ist. Auch war das Zebra nicht das kühlere Klima Europas gewöhnt, sondern lebte nur im warmen Afrika.

Außerdem lassen sich einige Zebrarassen, wie zum Beispiel die Bergzebras, nicht gut auf engem Raum halten, da sie sich dann streiten. Weil Haustiere in Ställen aber nah beieinander leben, ist dieses Verhalten eher unpraktisch. Das sind einige mögliche Gründe, warum heute Pferde und nicht Zebras geritten werden.

Eine Frage nach Zebras in einem Pferdebuch – das klingt erst einmal komisch. Es passt aber trotzdem. Denn Pferde und Zebras sind enge Verwandte. Zusammen mit den Eseln gehören sie zur Familie der Equidae. Das bedeutet Pferdeartige. Zebras, Esel und Pferde, sie alle stammen vom Hyracotherium ab, dem kleinen Urpferd, das ihr schon in der ersten Frage kennengelernt habt.

Die Familie der Pferde

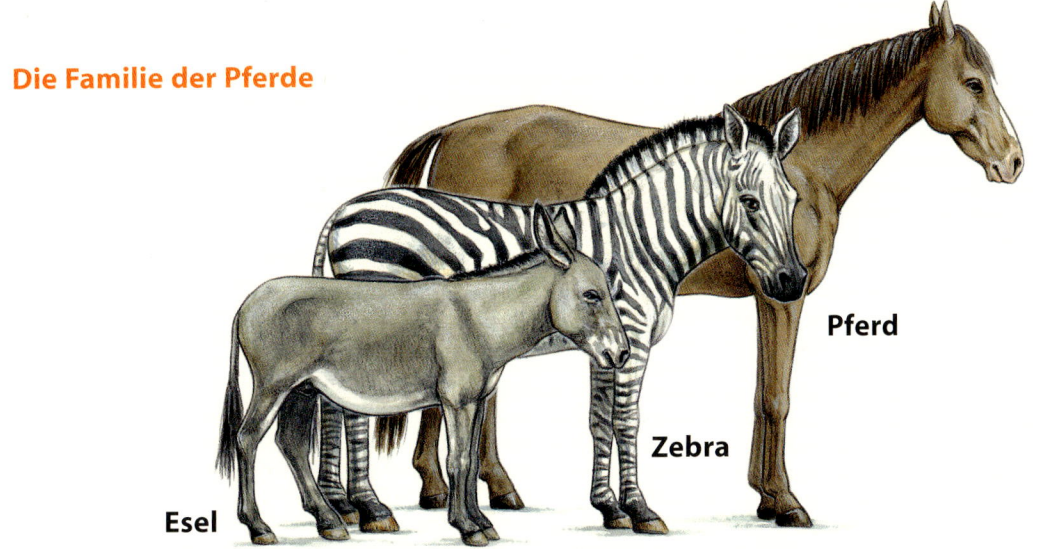

Pferd

Zebra

Esel

Dass Pferde, Esel und Zebras so eng verwandt sind, kann man auch daran erkennen, dass sie sich untereinander paaren können. Die Kinder von Esel und Pferd sind noch recht bekannt: Maultier und Maulesel heißen sie. Beim Maulesel ist die Mutter ein Esel und der Vater ein Pferd. Beim Maultier ist es genau andersherum.

Nur selten sieht man die Mischung aus Zebra und Pferd oder Zebra und Esel. Es gibt sie aber durchaus und sie heißen Pferdezebroid und Eselzebroid.

Pferdezebroid

Maultier

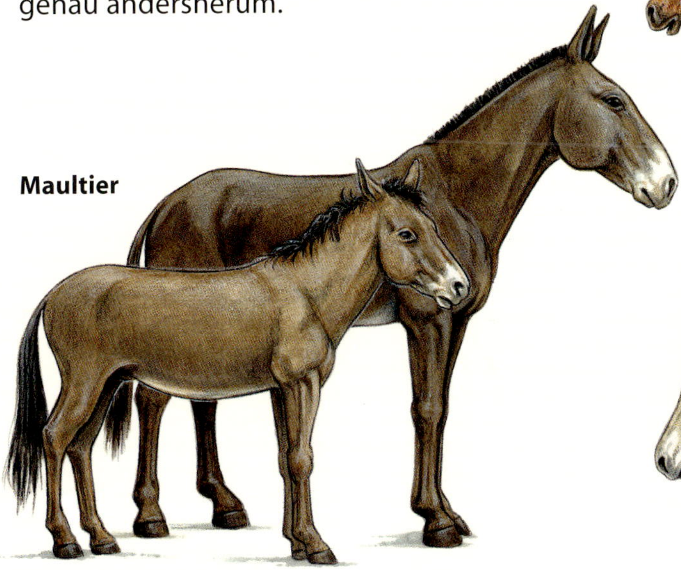

Maulesel

Eselzebroid

Wie viele Pferderassen gibt es?

Wie viele Pferderassen es auf der Erde gibt, kann keiner ganz genau sagen, denn nicht über jede Rasse wird Buch geführt. Man schätzt, dass es ungefähr 300 verschiedene Pferderassen sind. Da stellt sich natürlich die Frage, warum es überhaupt so viele verschiedene Pferde gibt.

Guckt man sich die verschiedenen Rassen einmal näher an, dann kann man feststellen, dass sie sehr unterschiedlich sind: Es gibt zum Beispiel große und kleine Pferde, nervöse und gelassene, schnelle und weniger schnelle und auch welche, die besonders kräftig und ausdauernd sind. Nicht jedes Pferd eignet sich für den gleichen Zweck:

Züchten bedeutet, dass Stuten und Hengste mit einem ganz bestimmten Ziel gepaart werden. Der Mensch überlegt sich, wofür er ein Pferd braucht, und sucht Hengst und Stute, die dafür geeignet erscheinen. Wer zum Beispiel ein Kinderreitpony züchten will, nimmt ruhige, gutmütige und nicht zu große Elterntiere. Um ein Rennpferd zu züchten, kommen diese Eltern nicht in Betracht.

Pferde unterscheidet man nach verschiedenen Merkmalen: Geht man nach der Körpergröße, so heißen alle Tiere, die kleiner als 148 Zentimeter sind, Ponys. Alle größeren Tiere sind Großpferde.

Ein kräftiges und ruhiges Arbeitspferd zieht sicher den Pflug.

Über hohe Hindernisse springt es aber nicht und als Kinderreitpferd ist es auch viel zu mächtig. Dafür werden andere Pferde gezüchtet.

Die Körpergröße eines Pferdes misst man vom Boden bis zum Widerrist.

12

Ponys

Shetland-Pony

Haflinger

Fjordpferd

Welsh-Pony

Isländer

Oft unterscheidet man aber auch nach Körperbau und Temperament: Nach dieser Einteilung gibt es neben den Ponys auch noch Vollblüter, Warmblüter und Kaltblüter. Die Namen sind etwas irritierend, denn sie haben nichts mit der Bluttemperatur der Pferde zu tun – die ist bei allen gleich.

Die Bezeichnungen geben an, wie »hitzig«, also wie temperamentvoll ein Pferd ist. Ein Vollblüter ist sehr temperamentvoll, ein Kaltblüter ganz und gar nicht.

Kaltblut

Warmblut

Vollblut

Das kleinste Pferd der Welt, ein Falabella, war 35,5 Zentimeter hoch und wog 12 kg. Ein Zwerg neben dem größten Pferd, einem Shire-Horse, das 2,19 Meter hoch und 1524 kg schwer war.

Großpferde

Araber

Friese

Lipizzaner

Ardenner

Hannoveraner

Warum gibt es so wenige Schimmel?

Rappe   **Brauner**   **Fuchs**

Es stimmt, heutzutage gibt es weniger Schimmel als Pferde mit anderen Fellfarben. Das war aber nicht immer so. Lange Zeit galt Weiß sogar als besonders schick. Deswegen wurden früher viele Schimmel gezüchtet. Beim Wort »züchten« ahnt ihr es vermutlich schon: Die Fellfarbe eines Pferdes ist nicht naturgegeben, sondern abhängig vom Geschmack des Menschen, genauso wie die Modefarben bei Kleidern.

Ursprünglich, bei den Urahnen der heutigen Pferde, gab es nur wenige Farben: Grau, Gelbbraun oder Falb. Diese Fellfarben tarnten die Urpferde besonders gut. Durch die Zucht sind weitere Farben entstanden, die bis heute reine Geschmackssache sind.

Manche lieben Schecken und züchten deswegen Pintos. Als echter Friese gilt hingegen nur ein Rappe, also ein schwarzes Pferd, und Lipizzaner werden nach wie vor in Weiß gezüchtet.

Pinto

Lipizzaner

Friese

14

Falbe   **Isabell**   **Schimmel**   **Apfelschimmel**   **Schecke**   **Tigerschecke**

Die Fellfarben der Pferde

Schimmel waren bis ins 18. Jahrhundert hinein sehr beliebt und wurden auf vielen Königshöfen gezüchtet. Im Krieg ritten einzelne Reiter auf solchen Pferden im Sturmangriff auf den Gegner zu. Mit einem kräftigen weißen Pferd versuchte man den Gegner zu beeindrucken. Ende des 18. Jahrhunderts änderte sich die Kriegsführung: Jetzt wurden viele Reiter auf schnellen, wendigen Pferden benötigt, die sich auch anpirschen konnten. Ein weißes Pferd wäre dafür viel zu auffällig gewesen. Die Reiter bevorzugten nun englische Vollblüter in Braun oder als Füchse. Da auch unsere heutigen Sportpferde von diesen Kriegspferden abstammen, gibt es heute mehr Braune und Füchse als Schimmel.

Pferde kann man nicht nur an ihren Farben, sondern auch an den Abzeichen unterscheiden. Abzeichen sind weiße Haare am Kopf und an den Beinen.

Die Bezeichnung »Schimmel« für ein weißes Pferd hat tatsächlich etwas mit dem weißlich grauen Belag auf faulenden Lebensmitteln zu tun. Weil die Farbe dieser Pferde dem schimmeligen Belag ähnelt, benutzte man für sie das gleiche Wort.

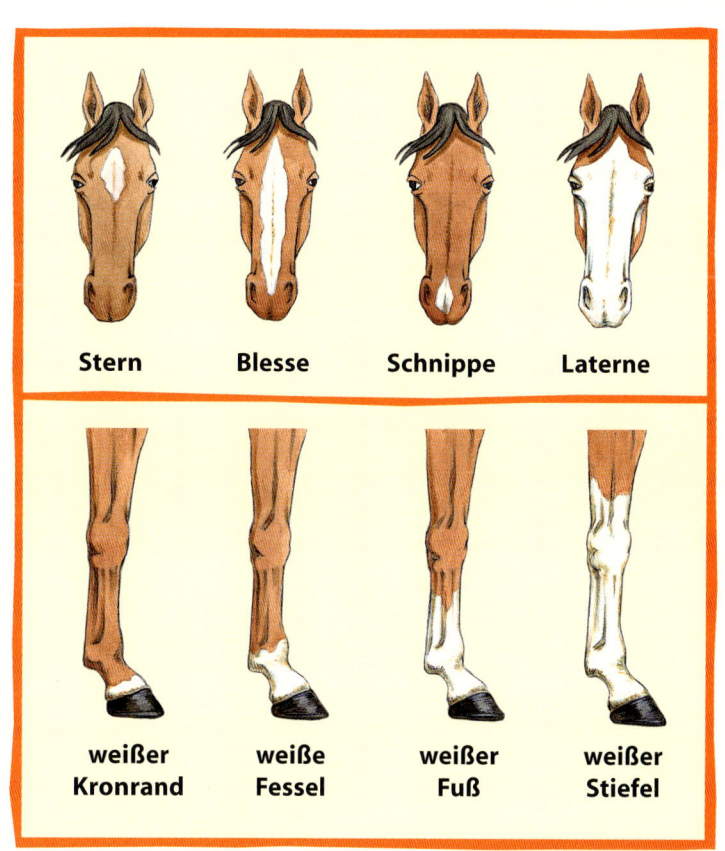

Stern   **Blesse**   **Schnippe**   **Laterne**

weißer Kronrand   **weiße Fessel**   **weißer Fuß**   **weißer Stiefel**

Hat das Pferd eine lange Nase oder eine lange Stirn?

45cm
30cm
0cm

Zur Beantwortung dieser Frage brauchten wir: eine Tierärztin, ein Zentimetermaß und ein Pferd.

Von der Tierärztin haben wir erfahren, dass die Nase des Pferdes von den Nasenlöchern bis zu den Augen reicht. Die Stirn beginnt über den Augen und geht bis zum Haaransatz. Als Nächstes benötigten wir ein Pferd zum Nachmessen. Slattavel, ein Isländer, hat schön brav ruhiggehalten. Die Messung ergab: Seine Nase ist 30 Zentimeter lang, die Stirn 15 Zentimeter. Jeder Pferdekopf ist natürlich anders, aber das Verhältnis bleibt doch immer ungefähr gleich: Der Kopf besteht zu zwei Dritteln aus Nase und zu einem Drittel aus Stirn. Damit ist klar: Das Pferd hat eine lange Nase.

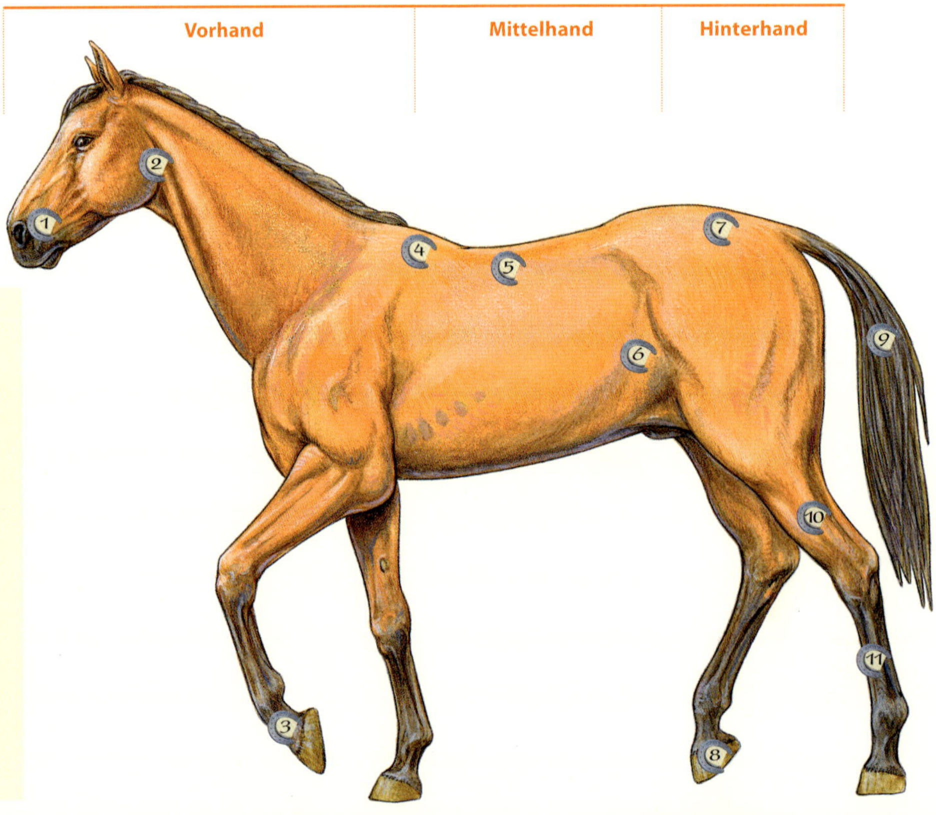

Vorhand	Mittelhand	Hinterhand

1 Nüstern
2 Ganasche
3 Fesselgelenk
4 Widerrist
5 Rücken
6 Flanke
7 Kruppe
8 Huf
9 Schweif
10 Unterschenkel
11 Hintermittelfuß

Die Nasenlöcher heißen beim Pferd Nüstern. Sie sind sehr groß, und das hat einen guten Grund: Das Pferd ist ein Fluchttier. Das bedeutet, es galoppiert bei Gefahr so schnell wie möglich davon. In einer solchen Situation müssen die Muskeln des Pferdes gut mit Sauerstoff versorgt werden. Durch die großen Nüstern kann es sehr schnell sehr viel Sauerstoff einatmen.

Anders als beim Menschen sitzen die Augen des Pferdes nicht vorne, sondern seitlich am Kopf. Dadurch kann es rundum fast alles sehen, nur Dinge, die genau hinter ihm sind, nicht. Dieser Rundum-Blick war für das wild lebende Pferd überlebenswichtig, denn nur wer seinen Feind früh genug sieht, kann rechtzeitig fliehen.

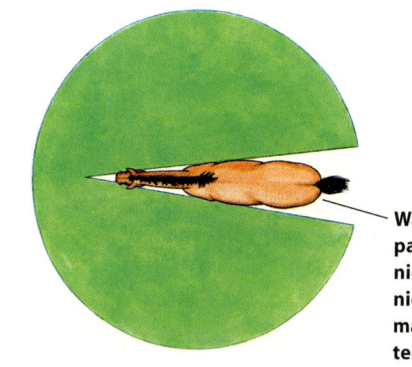

Was im weißen Bereich passiert, kann das Pferd nicht sehen. Um ein Pferd nicht zu erschrecken, sollte man sich ihm nie von hinten nähern.

Weil das Pferd ein Fluchttier ist, ist sein gesamter Körper so gebaut, dass es möglichst schnell und ausdauernd laufen kann: Es hat feste, schlanke Beinknochen, die durch lange Sehnen sehr beweglich sind. Seine Muskeln sind sehr kräftig. Sein Brustkorb ist groß, weil darin Herz und Lunge sitzen. Die Lunge des Pferdes ist ungefähr 16-mal so groß wie die des Menschen und das Herz ist zwölfmal so schwer. Beide Organe sorgen dafür, dass zu den Muskeln reichlich Sauerstoff gelangt.

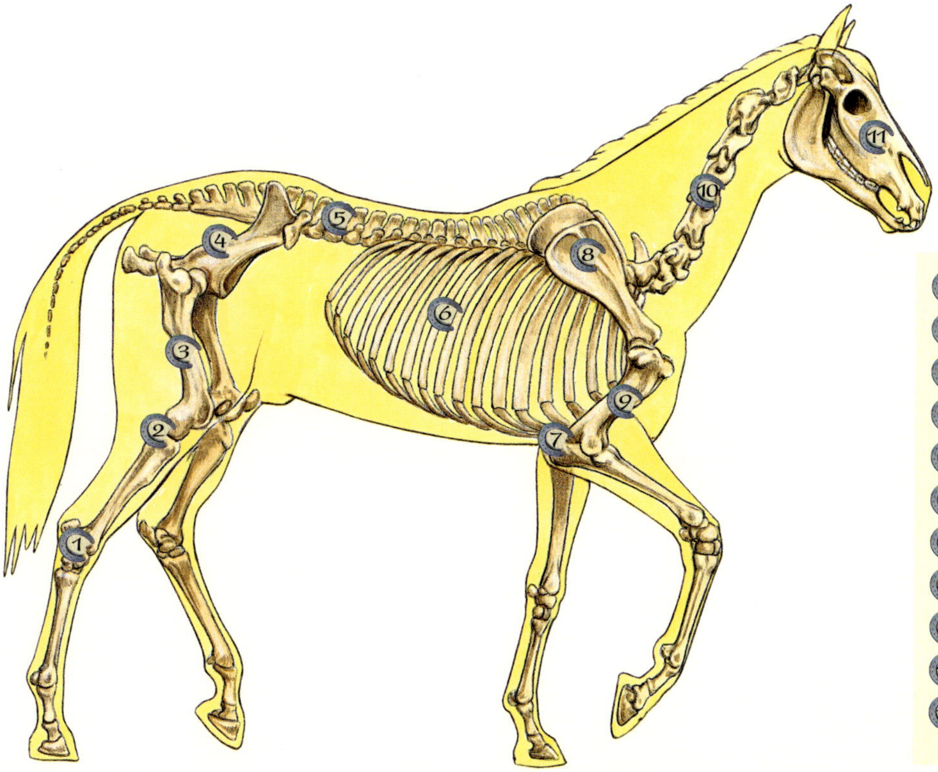

1 Sprunggelenk
2 Kniegelenk
3 Oberschenkelknochen
4 Becken
5 Wirbelsäule
6 Rippen
7 Ellenbogengelenk
8 Schulterblatt
9 Oberarmknochen
10 Halswirbel
11 Schädel

Warum fressen Pferde Äpfel und Möhren, aber keine Steaks?

Steaks oder Bratwürstchen locken vielleicht Hunde oder Katzen an den Grill; ein Pferd aber würde sich angeekelt abwenden und nicht einmal probieren. Das ist auch gut so, denn ein Pferd könnte ein Steak weder richtig kauen noch verdauen. Im Gegenteil: Es bekäme sehr schlimme Bauchschmerzen.

Dass ein Pferd kein Fleisch frisst, liegt an seinen Urahnen. Schon das Hyracotherium vor 55 Millionen Jahren war ein reiner Pflanzenfresser und alle seine Nachfahren sind es geblieben. Zähne und Magen des heutigen Pferdes sind daher auf diese Nahrung spezialisiert. Das Pferd hat scharfe Schneidezähne, um Gras abzubeißen, und breite, kräftige Backenzähne, um es zu zermahlen.

Sein Magen ist recht klein. Er muss auch nicht groß sein, denn Wildpferde streifen den ganzen Tag durch die Steppenlandschaft und fressen dabei immer in kleinen Mengen Gras.

Was gefressen wird, muss natürlich auch verdaut werden. Das Pferd ist im Gegensatz zur Kuh kein Wiederkäuer. Das bedeutet, die Nahrung wird nur einmal heruntergeschluckt und verdaut. Das Pferd verarbeitet die Nahrung daher auch weniger gründlich.

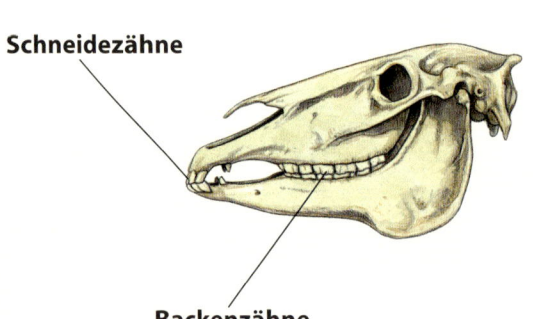

Schneidezähne

Backenzähne

Obwohl beide, Pferd und Kuh, Gras fressen und verdauen, sieht das, was am Ende davon übrig bleibt, recht unterschiedlich aus.

Kuhfladen

Pferdeäpfel

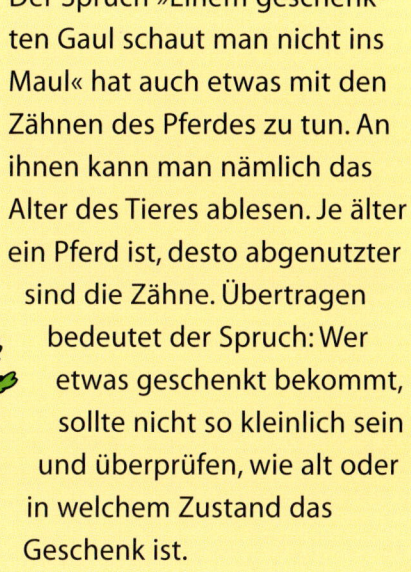

Der Spruch »Einem geschenkten Gaul schaut man nicht ins Maul« hat auch etwas mit den Zähnen des Pferdes zu tun. An ihnen kann man nämlich das Alter des Tieres ablesen. Je älter ein Pferd ist, desto abgenutzter sind die Zähne. Übertragen bedeutet der Spruch: Wer etwas geschenkt bekommt, sollte nicht so kleinlich sein und überprüfen, wie alt oder in welchem Zustand das Geschenk ist.

Während eine Kuh den matschigen Rest des verdauten Grasbreis einfach als Fladen ausscheidet, wird der Grasbrei im Pferdedarm erst zu einer langen Wurst gepresst. Ihre typische Form bekommen die Pferdeäpfel am Ende des letzten Darms.

Dort gibt es Muskelringe, die sich zusammenziehen können und so die Wurst in einzelne Ballen zerteilen. Ist eine Portion Äpfel fertig, drückt sie auf den After, und das Pferd äpfelt.

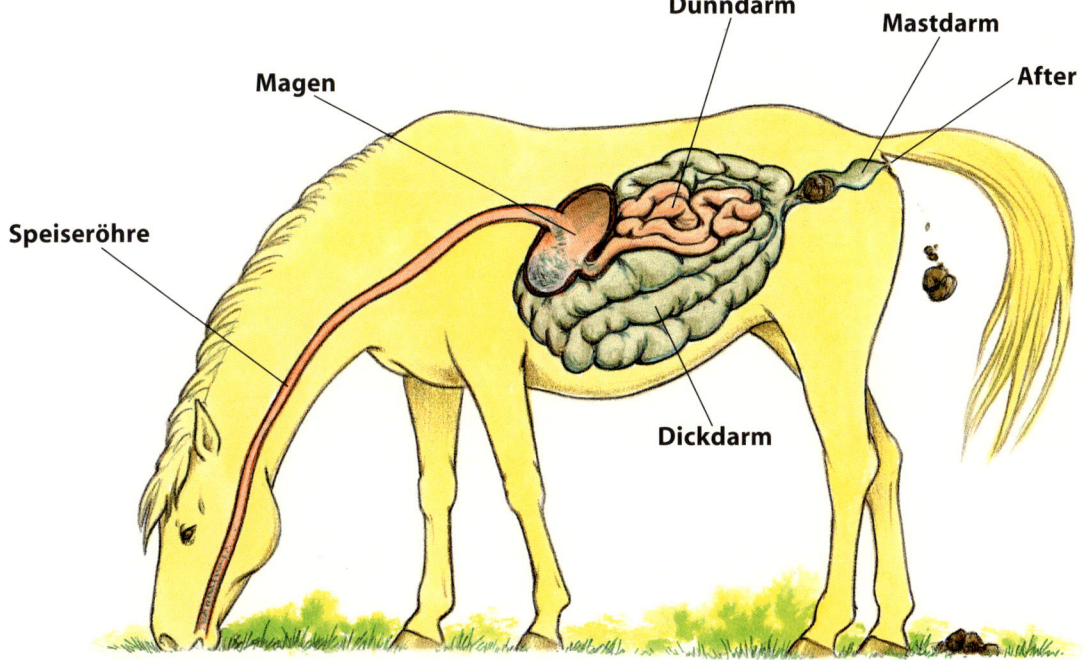

Dünndarm

Mastdarm

After

Magen

Speiseröhre

Dickdarm

Warum tut es dem Pferd nicht weh, wenn es Hufeisen bekommt?

Nicht alle Pferde tragen Hufeisen: Ein Fohlen wird natürlich ohne Eisen geboren und wächst auch ohne Hufeisen auf. Wildpferde tragen auch keine Eisen, und selbst unter den Reitpferden gibt es viele sogenannte Barhufer, das sind Pferde, die nicht beschlagen werden. Von Natur aus kann ein Pferd also gut ohne Hufeisen laufen.

Strahl

Weiße Linie

Hufsohle

Hufwand

Trotzdem bekommen viele Pferde Eisen. Das Horn, aus dem die Hufe bestehen, reibt sich nämlich stark ab, wenn das Pferd häufig auf harten und steinigen Böden läuft. Ein Hufeisen schützt also den Huf.

Wie unsere Fingernägel bestehen Pferdehufe aus Horn. Da das Horn nachwächst, passen die Hufeisen nach ungefähr sechs Wochen nicht mehr. Sie werden zu eng und müssen ausgewechselt werden. Mit einer Zange zieht der Schmied das alte Eisen vom Huf. Als Nächstes reinigt er die Hufsohle und den Strahl und schneidet sie mit einem Hufmesser sauber. Dann kürzt er das lange Horn der Hufwand mit Hammer und Hauklinge ① und glättet anschließend den Huf mit Hufmesser und Feile.

Jetzt ist alles vorbereitet für die Eisen. Es gibt zwei Arten des Beschlags: den Heiß- und den Kaltbeschlag.

Beim Heißbeschlag wählt der Schmied ein Eisen mit passender Größe und Form aus und erhitzt es, bis das Eisen glüht. Es ist nun so weich, dass der Schmied das Eisen mit dem Hammer verformen kann ②.

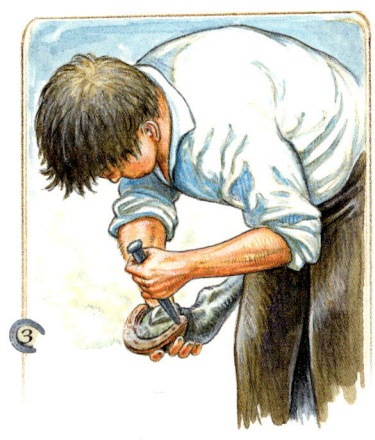

Er schmiedet es passend und brennt das Eisen noch glühend auf den Huf auf ③. Das qualmt und stinkt zwar gewaltig, tut dem Pferd aber nicht weh, weil in der Hufwand keine Nerven verlaufen. Wenn das Eisen passt, wird es abgekühlt und aufgenagelt ④. Weil auch die Nägel nur durch die Wand des Hufes laufen, spürt das Pferd dabei keine Schmerzen. Das überstehende Horn wird anschließend gefeilt, bis alles glatt ist ⑤.

Beim Kaltbeschlag benutzt der Schmied fertig geformte Eisen, die er nicht mehr erhitzt und schmiedet. Der Huf muss sehr gründlich und passend für das Hufeisen beschnitten werden, damit es nachher auch gut sitzt. Passen beide zusammen, wird das Eisen kalt aufgenagelt. Weil der Huf dabei nicht verbrannt wird, gilt die Methode als schonender.

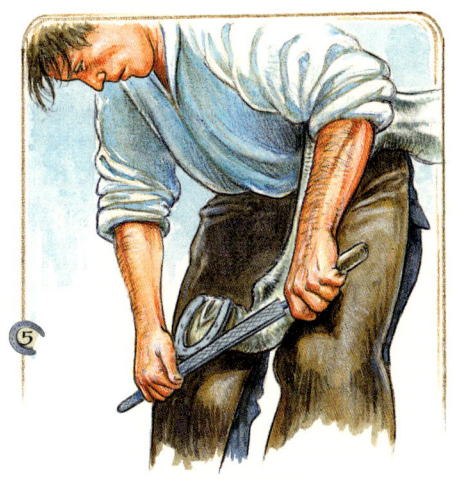

Warum müssen Pferde gestriegelt werden?

Wenn die Pferde auf der Weide sind, pflegen sie ihr Fell auf unterschiedliche Weise.

Da wild lebende Pferde ihren Körper ganz problemlos selbst pflegen, stellt sich tatsächlich die Frage, warum die Pferde im Stall jeden Tag geputzt werden sollen. Offensichtlich können sie das doch ganz prima alleine.

Das Problem besteht darin, dass ihnen in der Box im Stall so manches fehlt, was ihre wild lebenden Kollegen haben: zum Beispiel Platz und eine schön staubige Stelle, um sich zu wälzen, Bäume, um sich daran zu schubbern, oder auch andere Pferde, um sich gegenseitig zu beknabbern und das Fell zu säubern. Doch selbst wenn ein Pferd mit anderen zusammen auf der Weide lebt und sich dort wälzen kann, muss man ihm bei der Fellpflege helfen. Eine dicke Schlammkruste schützt das Pferd zwar vor lästigen Insekten, würde aber unter dem Sattel reiben und so zu Druckstellen und Wunden führen.

Beim Putzen wird das Pferd nicht nur sauber, man entfernt mit der Bürste auch alle losen Haare. Die würden das Pferd sonst fürchterlich jucken. Ganz nebenbei entdeckt man auch Zecken, die entfernt, oder Wunden und Stiche, die behandelt werden müssen. Und genauso wichtig: Man hat engen Kontakt zu seinem Pferd und lernt seine Eigenarten besser kennen. Die meisten Pferde empfinden das Putzen auch als eine angenehme Massage.

Jedes Pferd sollte sein eigenes Putzzeug haben. Werden viele Pferde mit der gleichen Bürste geputzt, können sich Krankheiten, zum Beispiel Pilze, leichter übertragen. Diese Dinge findet ihr häufig in einer Putzkiste:

① Mit der **Kardätsche** bürstet man Staub und Schuppen aus dem Fell.

② Mit dem **Striegel** wird grober Schmutz gelockert.

③ Die **Wurzelbürste** dient zum Entfernen von starkem Schmutz oder verkrustetem Schweiß.

④ Mit dem **Hufkratzer** entfernt man Mist und Steine aus dem Huf.

⑤ Mit dem **Mähnenkamm** sollte man nicht den Schweif kämmen, denn dabei werden zu viele Haare ausgerissen.

⑥ Einen **Schwamm** benötigt man zum Reinigen von Augen und Nüstern, einen zweiten für den After.

Wie erkennt man, ob ein Pferd schlecht gelaunt ist?

Menschen wie Pferde brauchen vor allem eins, um ihre Gefühle mit dem Körper auszudrücken: Muskeln. Wir Menschen haben sehr viele Muskeln im Gesicht und unsere Laune kann man deshalb gut an unserem Gesichtsausdruck ablesen.

Das Gesicht des Pferdes ist nicht ganz so beweglich, es kann nicht lachen oder eine Schnute ziehen. Seine Laune kann man ihm trotzdem ansehen. Man muss sich nur auf die Suche nach einem Körperteil machen, das fast immer in Bewegung ist: Beim Pferd sind das die Ohren. Es kann 16 verschiedene Muskeln einsetzen, um ein Ohr zu bewegen.

aufmerksam

Nach vorne gespitzte Ohren bedeuten, dass ein Pferd interessiert und aufmerksam ist.

unsicher

aggressiv

Ist ein Pferd schlecht gelaunt, aggressiv oder wütend, legt es seine Ohren ganz eng nach hinten an.

Dreht das Pferd beide Ohren schnell in verschiedene Richtungen, ist es nervös, unruhig oder unsicher.

entspannt

Oft quietscht oder schreit es dabei sogar. Das gut gelaunte, freundlich gestimmte Pferd hält seinen Kopf aufrecht, den Schweif trägt es locker, die Ohren sind nach vorne gespitzt, und der ganze Körper wirkt entspannt.

Pferde setzen viele Körperteile ein, um sich miteinander zu verständigen: den Kopf, den Hals, die Ohren, den Schweif und die Beine. Natürlich können sie zusätzlich noch wiehern, grummeln, schnauben und quietschen.

Wenn sich das Pferd entspannt und ein bisschen döst, hängen die Ohren seitlich herunter.

Guckt man sich die Pferdeköpfe genau an, kann man außer den Ohren noch andere Anzeichen für die Stimmung des Pferdes entdecken. Das aggressive Pferd hat das Maul leicht geöffnet und zeigt seine Zähne. Das unsichere Pferd rollt die Augen so stark, dass man das Weiße darin sehen kann. Und das dösende Pferd ist so entspannt, dass sogar die Unterlippe schlapp herunterhängt.

Pferde zeigen ihre Stimmungen aber nicht nur mit dem Kopf. Ein angriffslustiges Pferd stampft mit dem Vorderbein auf oder hebt drohend das Hinterbein und schlägt wütend mit dem Schweif.

Zwei Hengste kämpfen gegeneinander.

Gibt es noch richtige Wildpferde?

Stehmähne

Aalstrich

leichte Zebra-streifen an den Beinen

An diesen Merkmalen erkennt man ein echtes Wildpferd.

Wenn wir ganz pingelig sind, dann müssen wir diese Frage mit Nein beantworten. Ein echtes Wildpferd, das vom Urpferd abstammt und immer in Freiheit lebte, das gibt es nicht mehr. Bevor jetzt aber alle protestieren, weil in ihrem Zoo Wildpferde leben, müssen wir das ein bisschen genauer erklären.

Es gibt ein Pferd, das direkt mit dem Urpferd verwandt ist und noch heute lebt: das Przewalski-Pferd. Aber auch das letzte dieser Pferde wurde vor ungefähr 40 Jahren in freier Natur ausgerottet. Es gab also kein wild lebendes Exemplar mehr. Das Przewalski-Pferd überlebte nur, weil bereits einige Tiere in Zoos gehalten wurden. Aus dieser kleinen Herde hat man weitere Przewalski-Pferde nachgezüchtet, sodass es heute wieder mehr Tiere gibt. 1992 brachte man einige der im Zoo gezüchteten Przewalski-Pferde in ihre alte Heimat, die Mongolei, um sie auszuwildern. Der Anfang war schwierig. In den langen Wintern – bei wenig Nahrung und mit dem Wolf als Feind – starben viele Tiere.

Nach und nach schafften es Wissenschaftler jedoch, die Pferde an ihre alte Umgebung zu gewöhnen. Heute leben ungefähr 350 Urwildpferde wieder wirklich frei und wild. Przewalski-Pferde sind also echte Wildpferde, die aber nicht immer wild gelebt haben.

Es gibt aber noch eine zweite Gruppe von Tieren, die oft als Wildpferde bezeichnet wird: verwilderte Hauspferde. Die Mustangs in Amerika sind ein Beispiel dafür. Es sind keine echten Wildpferde, denn sie wurden im 16. Jahrhundert von den spanischen Eroberern als Hauspferde nach Amerika mitgebracht. Einige von ihnen liefen ihren Besitzern davon und lebten fortan wild.

Mustang

Es sind also verwilderte Pferde, die aber nicht vom Urpferd, sondern vom Hauspferd abstammen. Da sie schon so lange in Freiheit leben, sind sie schwer zu zähmen.

Verwilderte Hauspferde leben auch in Europa. Bekannt sind in Deutschland die Dülmener Pferde und in Frankreich die Camargue-Pferde.

Dülmener Pferd

Camargue-Pferde

Wie arbeitet ein Pferde-flüsterer?

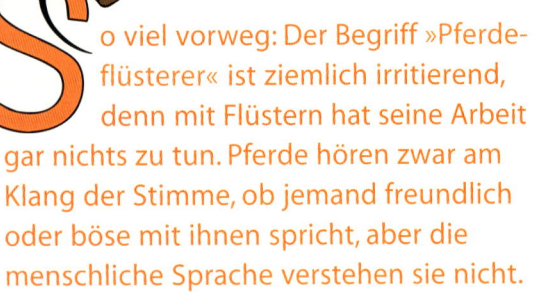

So viel vorweg: Der Begriff »Pferde-flüsterer« ist ziemlich irritierend, denn mit Flüstern hat seine Arbeit gar nichts zu tun. Pferde hören zwar am Klang der Stimme, ob jemand freundlich oder böse mit ihnen spricht, aber die menschliche Sprache verstehen sie nicht.

Es würde also gar nichts nützen, einem Pferd beim ersten Satteln leise ins Ohr zu raunen: »Das ist ein Sattel und der ist völlig unge-fährlich. Mach also keine Zicken!« Das Pferd versteht davon nur Bahnhof.

Mit Flüstern hat die ganze Sache also nichts zu tun. Der Begriff kommt vermutlich daher, dass es für Menschen, die die Arbeit der Pferdeflüsterer nicht kennen, so aussieht, als würden die Pferde auf geflüsterte Worte oder unsichtbare Zeichen reagieren. Die Zei-chen sind aber gar nicht unsichtbar, sie sind nur anders. Der Pferdeflüsterer versucht näm-lich, in Pferdesprache mit dem Tier zu reden.

Das Leittier zeigt einem Eindringling, wer das Sagen hat.

Ein Pferdeflüsterer bei der Arbeit

Und dafür ahmt er die Körpersprache des Pferdes nach. Er hat sich zum Beispiel abgeguckt, wie ein Leittier einem anderen Pferd zeigt, dass es der Chef ist. Kommt das rangniedere Tier ihm zu nahe, dann droht das Leittier.

Es legt die Ohren an, senkt den Kopf, schlägt wild mit dem Schweif und stampft mit den Vorderbeinen auf. Reagiert der Eindringling nicht, wird er angerempelt. Das rangniedere Tier wendet sich bald eingeschüchtert ab.

Der Pferdeflüsterer verwendet genau dieselbe Körpersprache, um dem Pferd zu sagen: »Ich bin der Chef, und du musst dich mir unterordnen, sonst wird's ungemütlich für dich.« Er zeigt ihm durch seine Körperhaltung, dass es nicht in seinen Bereich eindringen darf, und schickt es immer wieder weg. Erst wenn das Pferd eindeutige Zeichen der Unterordnung zeigt, darf es wieder näher kommen. Die Idee ist, dass ein Pferd, das den Menschen als Leittier anerkennt, ihm vertrauensvoll folgt und so beim Halftern, Verladen, Satteln und Reiten gerne mit ihm zusammenarbeitet.

Geheimnisvoll ist die Arbeit der Pferdeflüsterer also nicht. Es ist nur eine von vielen Methoden, mit Pferden zu arbeiten.

29

Woher weiß das Pferd, was der Reiter auf seinem Rücken will?

Wer zum ersten Mal auf einem Pferd sitzt, fühlt sich oft ziemlich hilflos. Erstaunt stellt man fest, dass es weder auf »Hü« noch auf Worte wie »rechts« oder »links« reagiert.

Damit das Pferd versteht, was der Reiter von ihm möchte, muss er sich mit sogenannten Hilfen verständlich machen.

Es gibt Schenkelhilfen, Kreuzhilfen, Gewichtshilfen und Zügelhilfen. Auch die Stimme zählt zu den Hilfen.

Zuerst zu den Schenkelhilfen: Mit den Schenkeln sind die Unterschenkel des Reiters gemeint. Der Reiter kann sie gegen den Pferdebauch drücken und das Pferd damit nach vorne treiben.

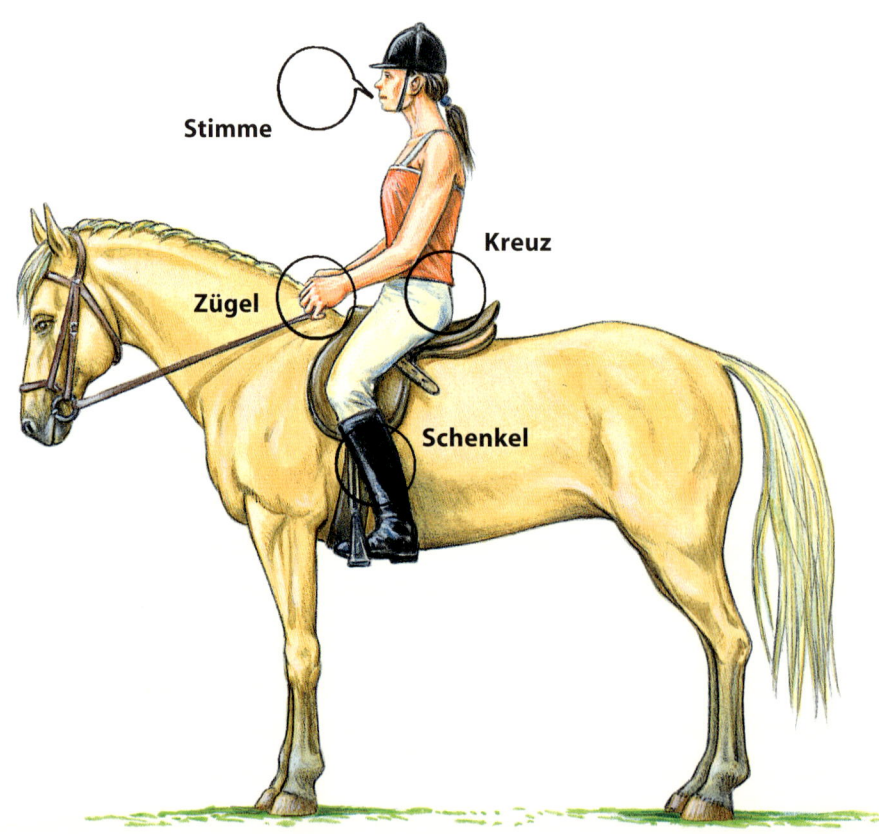

Stimme

Kreuz

Zügel

Schenkel

Das Kreuz, also den unteren Teil des Rückens, kann man anspannen und entspannen. Das könnt ihr auf einem Hocker ganz leicht ausprobieren. Wenn ihr den Hocker nur mit dem Po nach vorne kippen wollt, müsst ihr das Kreuz anspannen. Genauso funktioniert die Hilfe auf dem Pferd: Spannt der Reiter das Kreuz an, drückt er die Hinterhand nach vorne.

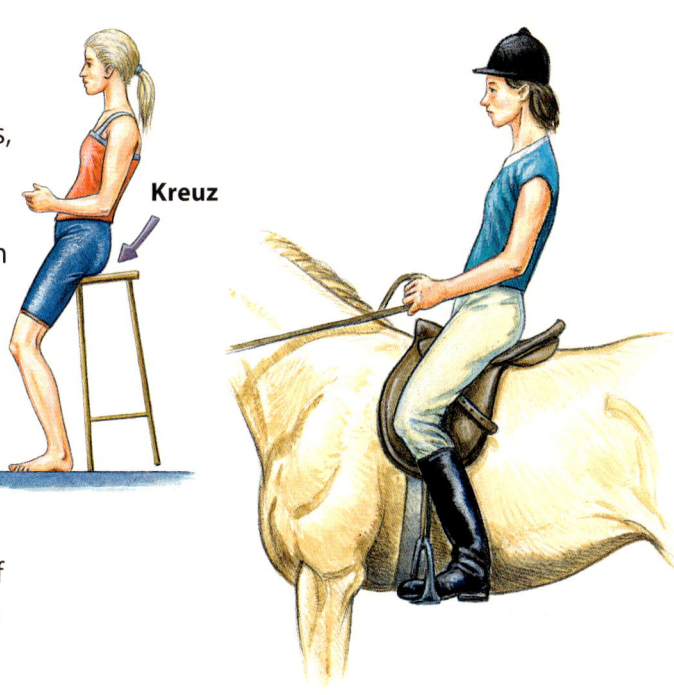

Kreuz

Verlagert man das Gewicht beim Reiten auf eine Seite, dann drückt man das Pferd dadurch in die Kurve. Gewichtshilfen sind also wichtig, wenn man die Richtung ändern möchte.

Die Reiterin verlagert ihr Gewicht nach links.

Auch die Stimme des Reiters ist ein Hilfsmittel. Ein »Hoq« kann das Pferd beruhigen und ein Schnalzen muntert es auf.

Das Schwierige beim Reiten ist, dass alle Hilfen zusammenwirken müssen. Um aus dem Stehen anzureiten, muss man mehrere Hilfen gleichzeitig geben. Man spannt das Kreuz an und drückt beide Schenkel gleich stark an den Bauch. Gleichzeitig gibt man in den Zügeln etwas nach, damit das Pferd auch loslaufen kann. Dabei bleibt man schön gerade sitzen. Sonst würde das Pferd nämlich eine Kurve laufen.

Die Zügel sind keine Leinen, mit denen sich der Reiter auf dem wackeligen Pferderücken festhalten kann. Auch mit ihnen gibt er dem Pferd Signale. Verkürzt der Reiter die Zügel, dann drückt das Gebiss stärker auf den Kieferknochen des Pferdes. Lässt er die Zügel nach, wird der Druck geringer. Die Zügelhilfen braucht man zum Beispiel zum Anreiten (dann lässt man nach) und zum Anhalten (dann verkürzt man kurz).

Mit den Zügeln gibt der Reiter dem Pferd Signale.

Welche Gangarten haben Pferde?

Wenn der Pferdefachmann über Gänge oder Gangarten spricht, dann muss man auf die Beine des Pferdes gucken. Bei jeder Gangart setzt das Pferd seine Füße nämlich in einer anderen Reihenfolge auf. Die verschiedenen Gänge unterscheiden sich außerdem im Tempo. Die drei Grundgangarten heißen Schritt, Trab und Galopp.

Im **Schritt** setzt das Pferd seine vier Beine nacheinander auf. Man kann es auch hören: Es entsteht ein Viertakt. Schritt gibt's in Schnell und Langsam, aber richtig schnell kommt es damit nicht voran.

Die nächstschnellere Gangart ist der **Trab**. Dabei setzt das Pferd immer zwei Beine schräg gegenüber gleichzeitig auf, während die anderen beiden in der Luft sind. Man hört einen Zweitakt. Kurzzeitig berührt kein Bein den Boden. Man nennt das Schwebephase.

Der **Galopp** ist die schnellste Grundgangart. Wenn das Pferd galoppiert, hört man einen Dreitakt.

Es gibt einige Pferderassen, die noch mehr Gänge beherrschen. Sie werden Gangpferde genannt. Isländer, Pasos, Tennessee Walker und American Saddlebred gehören dazu.

Paso

Tennessee Walker

American Saddlebred

Je nach Rasse haben die Gänge andere Namen. Beim Isländer heißen die zwei zusätzlichen Gangarten Tölt und Pass.

Tölt und Pass haben für die Pferde einen großen Vorteil: Weil sie langsam gelaufen keine Schwebephase haben, hat das Pferd immer mindestens ein Bein am Boden. Dadurch findet es in unebenem oder sumpfigem Gelände viel besseren Halt.

Isländer

Der Tölt sieht aus wie ein schnell gelaufener Schritt. Die vier Hufe treten nacheinander auf, deshalb hört man wie im Schritt einen Viertakt. Er ist für den Reiter auch genauso bequem. Da es im Tölt keine Schwebephase gibt, wird der Reiter nicht, wie im Trab, von einer Seite auf die andere geworfen.

Im **Pass** ist ein Pferd genauso schnell wie im Galopp. Seine Beine setzt es aber völlig anders auf.

Die wertvollsten Pferde des Mittelalters hießen Zelter. Sie gingen Tölt oder Pass. Weil die Menschen bei Reisen lange Strecken auf dem Pferderücken zurücklegten, waren diese Pferde besonders begehrt.

Wie hoch können Pferde springen?

Das höchste Hindernis, das je von einem Pferd übersprungen wurde, war 2,47 Meter hoch. Das bedeutet aber nicht, dass alle Pferde so hoch springen können. Im Gegenteil: In der freien Natur versucht ein Pferd, Hindernisse wie Hecken oder umgestürzte Baumstämme zu umgehen. Nur wenn es nicht anders möglich ist, springt es über ein Hindernis.

Springwettkämpfe gibt es erst seit knapp 150 Jahren. Aber schon vorher ließen Reiter ihre Pferde zum Beispiel bei Jagden über Hecken und Wälle springen. Heute finden die meisten Springwettkämpfe im Parcours statt. Der Parcours ist ein Gelände, auf dem verschiedene Hindernisse stehen, über die die Pferde in einer festgelegten Reihenfolge springen müssen.

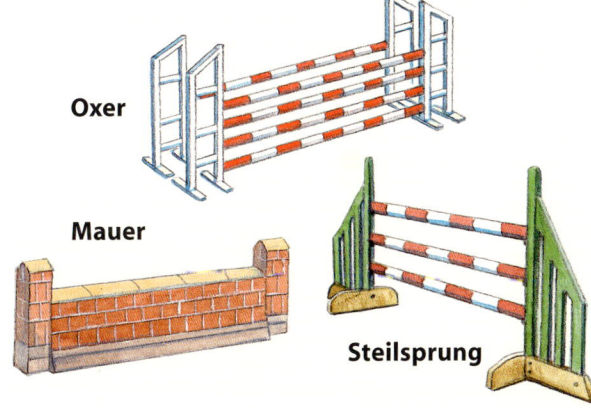

Oxer

Mauer

Steilsprung

Wassergraben

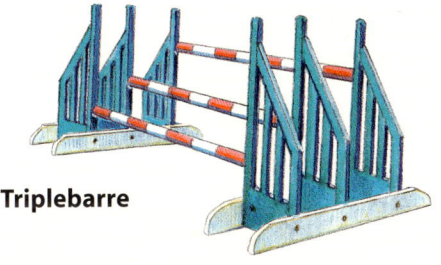

Triplebarre

33

34

In einer Dressurprüfung sollen Reiter und Pferd möglichst harmonisch, entspannt und schwungvoll einzelne Aufgaben reiten.
In den einfachen Dressurprüfungen werden leichtere Bahnfiguren, zum Beispiel Zirkel, Schlangenlinien oder Durch-die-ganze-Bahn-Wechseln, in Schritt, Trab und Galopp geritten.

In den schwierigsten Prüfungen müssen die Pferde zum Beispiel eine Piaffe, das ist ein Trab auf der Stelle, zeigen. Die Richter bewerten mit Noten von null bis zehn, ob das Pferd auf die Hilfen des Reiters reagiert und ob die Aufgaben sauber geritten sind. Ein Zirkel muss zum Beispiel rund geritten werden und darf keine Eiform haben.

Galopprennen

Dressurreiten

Pferderennen gab es schon bei den alten Griechen und Römern. Anscheinend wollten die Menschen schon immer wissen, wer das schnellste Pferd besitzt.
Genau darum geht es auch heute noch bei Galopp- und Trabrennen. Die Rennen gehen über unterschiedlich lange Strecken. Gewonnen hat, wer als Erster im Ziel ist.

Beim Galopprennen, das manchmal auch über Hindernisse geht, reiten die Jockeys im Rennsitz, mit sehr kurzen Steigbügeln. Dadurch entlasten sie den Rücken der Pferde und die Tiere können noch schneller laufen. Beim Trabrennen sitzt der Fahrer in einem kleinen, leichten Wagen, dem Sulky. Die einzig erlaubte Gangart ist der Trab.

Trabrennen

Die Regeln sind einfach: Fällt eine Stange, gibt es vier Fehlerpunkte. Springt das Pferd gar nicht erst über das Hindernis, wird es zunächst mit drei Punkten bestraft.

Beim zweiten Verweigern gibt es sechs Fehlerpunkte und beim dritten Mal scheidet das Paar aus. Wenn Reiter oder Pferd stürzen, zählt das acht Punkte. Es gewinnt der Reiter, der die wenigsten Fehlerpunkte hat.

Wie werden Polizeipferde ausgebildet?

Ein Polizeipferd braucht Nerven wie Stahlseile: Es muss hupende Autos, die Tröten von Fußballfans und bei Karnevalsumzügen laute Musik, Fahnen, Rasseln und bunte Kostüme ertragen. Dabei sind Pferde von Natur aus schreckhafte Fluchttiere. Dass sie bei diesem Getöse ruhig bleiben, ist also nicht normal. Damit sie nicht panisch davongaloppieren, muss man viel mit ihnen üben.

Ein Pferd beginnt meist mit vier bis fünf Jahren seinen Dienst bei der Polizei. Neben ganz normalem Reiten stehen viele besondere Übungen auf seinem Stundenplan. Das Pferd muss sich zum Beispiel an den Straßenverkehr gewöhnen. Dafür wird es neben einem erfahrenen Pferd über die Straßen geritten. Das ältere Pferd gibt ihm Sicherheit, wenn plötzlich ein Auto hupt, ein lauter Laster vorbeirauscht oder ein Fahrradfahrer klingelt.

Einsatz von Polizeipferden gegen Randalierer bei einem Fußballspiel

Das Westernreiten kommt ursprünglich aus Amerika. Dort müssen riesige Rinderherden von wenigen Reitern zusammengehalten und getrieben werden. Für diese Arbeit braucht man sehr wendige Pferde, die gelernt haben, auf kleinste Hilfen des Reiters zu reagieren. Neben dem Reiten ist der Cowboy nämlich auch noch mit anderen Dingen beschäftigt, zum Beispiel damit, Gatter zu öffnen oder Rinder mit dem Lasso einzufangen. Damit er für diese Arbeiten immer eine Hand frei hat, werden die Zügel beim Westernreiten nur in einer Hand gehalten.

Die Aufgaben bei Westernturnieren sind der Arbeit des Cowboys mit Pferden entlehnt. So müssen die Reiter zum Beispiel schnelle Stopps und Wendungen zeigen oder auch ein einzelnes Tier von der Herde abtrennen.

Dass alle Reiter von links aufsitzen, liegt mal wieder in der Geschichte begründet. Die Ritter trugen ihr Schwert immer links, damit sie es mit der rechten Hand ziehen konnten. Wären sie von rechts auf das Pferd aufgestiegen, hätten sie das Schwert immer mit über den Pferderücken schwingen müssen. Das wäre nicht nur unpraktisch, sondern auch zu gefährlich gewesen.

Westernreiten

Voltigieren bedeutet Turnen auf einem galoppierenden Pferd. Das Pferd läuft dabei an einer Longe – das ist eine lange Leine – im Kreis. Eine Mannschaft besteht aus acht Voltigierern und dem Longenführer. Bei Wettkämpfen werden Pflicht und Kür geturnt.

Voltigieren

Longenführerin

In der Pflicht springen die Voltigierer nacheinander einzeln auf das Pferd und turnen eine festgelegte Folge von Übungen. Dazu gehört zum Beispiel die Fahne oder freies Stehen. In der Kür dürfen bis zu drei Voltigierer gleichzeitig auf dem Pferd turnen. Wie Akrobaten bauen sie dabei immer wieder neue und schwierige Menschenpyramiden. Bewertet werden die Schwierigkeit der Übungen und ihre Ausführung. Es gibt Noten von eins bis zehn. Beim Voltigieren bekommt sogar das Pferd eine Note, nämlich dafür, wie gehorsam und gut es an der Longe gegangen ist.

Berittene Polizei

Oft läuft im Polizeistall das Radio. Nicht etwa weil das die Pferdepfleger so mögen, sondern weil das Rauschen und Quietschen eines Radios so ähnlich klingt wie ein Funkgerät, das ein Polizist im Einsatz trägt. Und an Musik soll sich das Pferd ganz nebenbei auch gewöhnen.

Vor großen Veranstaltungen müssen die Pferde extra trainieren. Dafür treffen sich immer mehrere Reiter in der Reithalle. Die Herde gibt den Pferden nämlich Sicherheit. Dann lernen die Tiere nacheinander lauter Dinge kennen, die eigentlich schrecklich für sie sind. Erst wedelt zum Beispiel jemand mit der Fahne vor ihrem Kopf herum, dann wird

gehupt und getrötet, und später fährt vielleicht noch eine Kehrmaschine in die Halle.

Damit die Polizeipferde nicht erschrecken, wenn ihnen etwas an den Kopf geworfen wird, bewirft der Trainer sie mit einem weichen Gummiball. Nach und nach verstehen die Polizeipferde, dass sie vor all diesen Dingen keine Angst haben müssen. Sie gewöhnen sich daran.

Wenn es in großen Menschenmengen Unruhe gibt, kann ein Polizeipferd zehn bis zwölf normale Polizisten ersetzen. Das liegt daran, dass Menschen vor einem Polizisten, der auf einem großen Pferd reitet, viel mehr Respekt haben.

Pferde müssen lernen, auch in schwierigen Situationen die Ruhe zu bewahren.

Woher kommt das Schäumen bei Pferden?

Das Pferd schäumt, weil der Zügel am schweißnassen Hals reibt.

Wenn ein Pferd richtig doll schwitzt, bildet sich nach einiger Zeit vor allem am Hals und zwischen den Pobacken weißer Schaum. Dieser Schaum entsteht, weil Pferdeschweiß viel Eiweiß enthält. Wird Eiweiß gerieben, fängt es an, kleine Blasen zu werfen. Da beim Reiten der Zügel am schweißnassen Pferdehals entlangreibt, bildet sich dort Schaum. Auch die Pobacken des Pferdes reiben bei der Bewegung aneinander. Das ist der Grund, warum das schwitzende Pferd auch an dieser Stelle schäumt.

Schwitzen ist für Pferde sehr wichtig. Wenn sie sich stärker bewegen oder wenn es draußen sehr warm ist, steigt ihre Körpertemperatur. Da der Pferdekörper nicht zu warm werden darf, verschafft er sich sogleich Kühlung. Das geschieht über den Schweiß. Er tritt aus ganz vielen kleinen Hautöffnungen aus, verteilt sich auf der Haut und verdunstet. Dabei kühlt er den Körper ab. Das ist derselbe Effekt, den ihr kennt, wenn ihr nass aus der Dusche kommt. Das Wasser auf eurer Haut verdunstet und ihr fangt an zu frösteln. Und das, obwohl es im Bad warm ist. Der Schweiß hilft dem Pferd also, seinen Körper abzukühlen.

Wird ein Pferd mehrere Stunden stark belastet, kann es 35–45 Liter Schweiß verlieren. Deshalb ist es ganz wichtig, bei langen Ritten immer wieder Pausen einzulegen, das Pferd etwas grasen zu lassen und ihm dann Wasser zu geben.

Auch sollte kein Pferd schweißgebadet zurück in den Stall gestellt werden. Dann fängt es nämlich an zu frieren und kann sich erkälten. Besser ist es, das Pferd trocken zu führen oder kräftig mit Stroh abzureiben. Auch eine Abschwitzdecke verhindert Erkältungen.

Da das Pferd sogar nach dem Reiten oft weiterschwitzt, muss man gut darauf achten, dass es trocken wird. Das gilt besonders im Winter. Dann sollte es längere Zeit unter der Abschwitzdecke bleiben.

Wie wird ein Sattel gemacht?

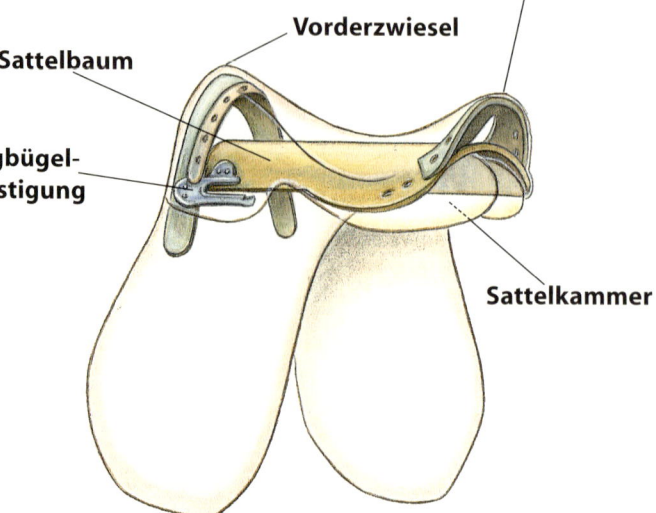

Sattelbaum
Vorderzwiesel
Hinterzwiesel
Steigbügel-befestigung
Sattelkammer

Der Sattler fängt beim Bau eines Sattels mit einem Teil an, von dem man nachher, beim fertigen Sattel, gar nichts mehr sieht: dem Sattelbaum. Er ist das stabile Gerüst und besteht aus Holz oder Kunststoff.

Guckt man sich den Sattelbaum einmal näher an, sieht man, dass er gebogen ist. Das ist sehr wichtig, denn der Sattel darf später beim Pferd nicht auf der Wirbelsäule aufliegen. Sonst bekäme es Rückenschmerzen. Der Hohlraum im Sattel heißt Sattelkammer. Der Sattelbaum ist für Reiter und Pferd so natürlich noch viel zu hart. Deshalb näht der Sattler einen Lederüberzug, der an vielen Stellen zusätzlich gepolstert, das heißt mit Wolle ausgefüllt wird.

So entstehen zum Beispiel die Sattelpolster, mit denen der Sattel auf dem Pferderücken aufliegt. Jetzt sieht die ganze Sache schon wesentlich bequemer aus.

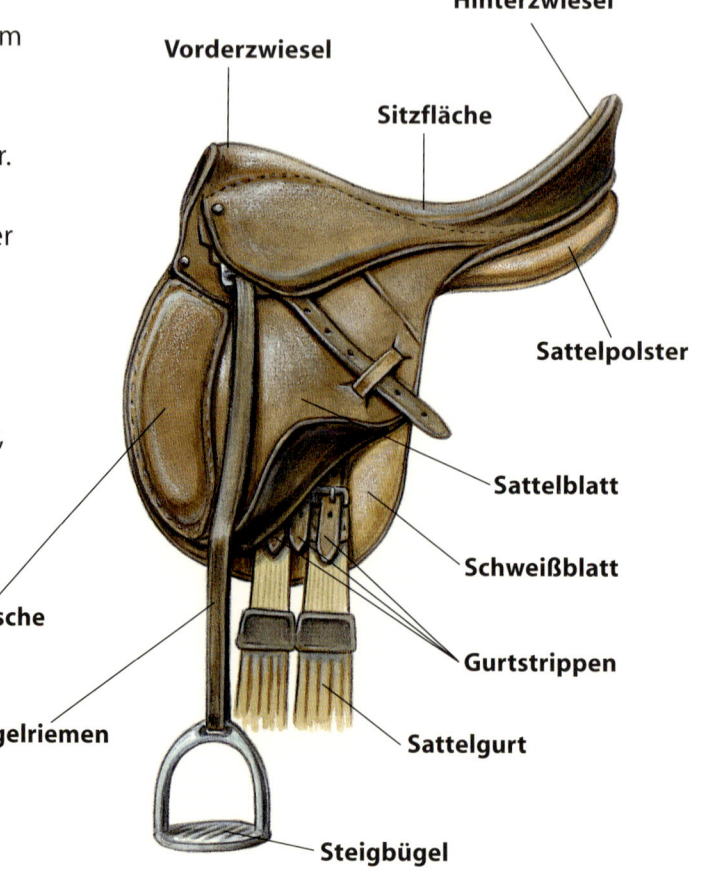

Vorderzwiesel
Hinterzwiesel
Sitzfläche
Sattelpolster
Sattelblatt
Schweißblatt
Gurtstrippen
Sattelgurt
Pausche
Steigbügelriemen
Steigbügel

Auch die Sitzfläche wird etwas gepolstert. Und damit der Reiter einen festeren Halt hat, werden noch zwei weitere Stellen mit Watte gefüllt: die Pauschen. So können die Knie des Reiters nicht so leicht nach vorne rutschen. Damit der Sattel auf dem Pferd befestigt werden kann, braucht er natürlich noch einen Gurt. Der wird an den Gurtstrippen befestigt. Seine Füße stellt der Reiter in die Steigbügel, die mit Riemen seitlich am Sattel aufgehängt sind.

Außer dem Sattel gibt es noch das Zaumzeug. Die ersten Reiter haben den Pferden vermutlich nur eine Schlinge um den Hals gelegt. Damit war es allerdings schwierig, Kommandos zu geben. Irgendwann entdeckte man, dass das Pferd eine Lücke zwischen den Zähnen hat, die Kieferlade.

Diese Stelle ist sehr druckempfindlich. Wenn man hier ein Gebiss hineinlegt und leicht an den Zügeln zieht, reagiert das Pferd sehr schnell.

Das Gebiss muss natürlich gehalten werden. Dafür gibt es eine ganze Reihe Lederriemen, die über die Ohren gezogen und verschnallt werden. So kann das Gebiss nicht verrutschen oder aus dem Maul fallen. Gebissringe an der Seite verhindern, dass das Gebiss seitlich ins Maul rutscht. Damit der Reiter Kontakt zum Pferdemaul herstellen kann, werden Zügel in die Gebissringe geschnallt.

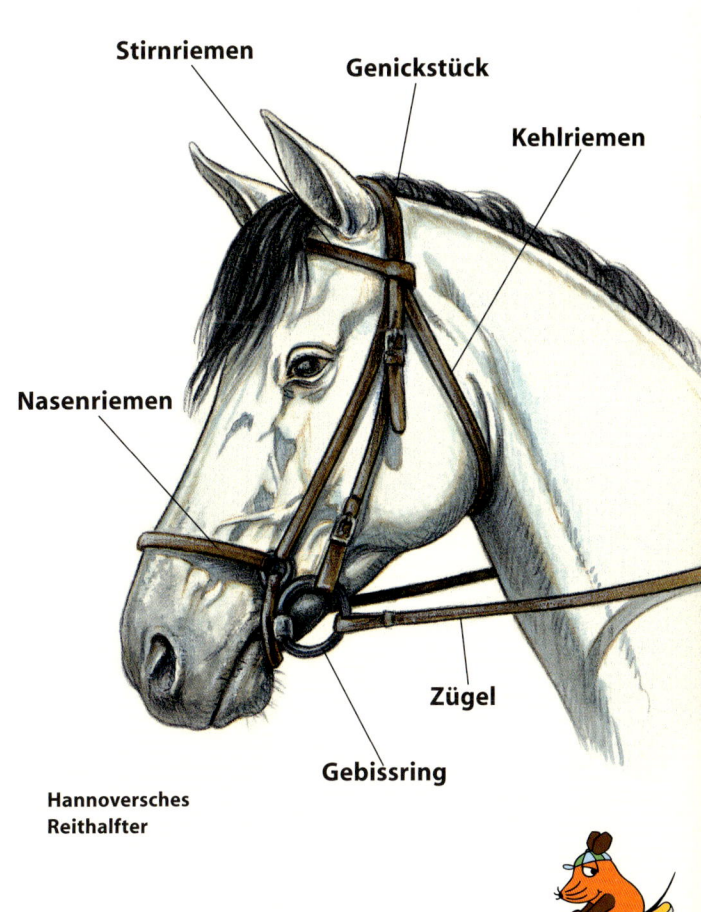

Schneidezähne

Kieferlade

Gebiss

Backenzähne

Stirnriemen

Genickstück

Kehlriemen

Nasenriemen

Zügel

Gebissring

Hannoversches Reithalfter

45

Warum fallen Pferde beim Schlafen im Stehen nicht einfach um?

Ober-
schenkel-
knochen

Kniescheibe

Sehnen

Spannsäge

Unter-
schenkel-
knochen

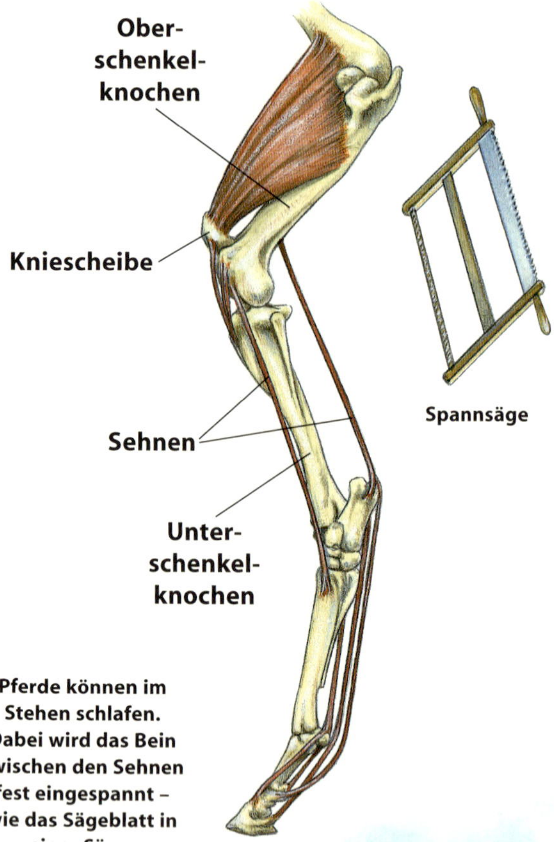

Pferde können im Stehen schlafen. Dabei wird das Bein zwischen den Sehnen fest eingespannt – wie das Sägeblatt in einer Säge.

Was Menschen nicht können, schaffen Pferde wirklich: im Stehen schlafen, ohne dass die Beine wegknicken. Das geht natürlich nicht ohne Tricks. Das Zauberwort heißt: Spannsägenapparat.

Das klingt erst einmal sehr kompliziert und funktioniert so: Merkt ein Pferd, dass es müde wird, kann es mit seinen Hinterbeinen etwas sehr Seltsames machen: Es hebt seine Kniescheibe über einen Knochenvorsprung am unteren Ende des Oberschenkelknochens. Das Gelenk wird dadurch festgestellt und kann nicht mehr einknicken. Das Bein ist jetzt fast so steif, als wäre es eingegipst. Vorne und hinten am Bein halten starke Sehnen das Hinterbein zusätzlich fest und stützen es. Das Ganze heißt Spannsägenapparat, weil Ober- und Unterschenkel wie eine Spannsäge eingespannt sind und das Pferd seine Muskeln kaum anstrengen muss, um zu stehen.

Das Gewicht des Pferdes liegt auf diesem »eingespannten« Bein. Das andere Hinterbein ist manchmal eingeknickt und steht entspannt nur auf der Spitze des Hufes. Alle paar Minuten wechselt das Pferd die Stellung der Hinterbeine. Da die Vorderbeine senkrecht wie Säulen stehen, muss das Pferd auch diese Muskeln kaum anspannen. Es steht also ohne große Anstrengung und fällt auch nicht um, wenn sich beim Schlafen die Muskeln lockern.

Im Stehen hat das Pferd nur einen leichten Schlaf. Wenn es richtig tief schlafen möchte, legt es sich hin. Dafür muss es sich aber ganz sicher fühlen.

Weil Pferde als Fluchttiere immer Angst vor Angreifern haben, schlafen sie am besten im Schutz der Herde. Ein Pferd hält dann Wache und die anderen können beruhigt ein Nickerchen machen.

Pferde schlafen nicht wie wir acht Stunden am Stück, sondern immer mal wieder in vielen kurzen Abständen. Auch das schützt sie in der Natur vor unangenehmen Überraschungen durch Angreifer.

Alte und kranke Pferde legen sich zum Schlafen oft nicht mehr hin. Sie könnten nicht schnell genug aufstehen und fliehen.

Wie können Pferde
ihre Fohlen mit nasser
Zunge trocken lecken?

Dazu zunächst ein kleiner Versuch, bei dem ihr eure Eltern am besten mal kurz aus der Küche schickt.

Nehmt einen Teller, schüttet etwas Orangensaft in die Mitte und versucht, den Teller mit der Zunge trocken zu lecken. Bestimmt schafft ihr es. Eure Zunge ist zwar feucht, hat aber so viele kleine Ausbuchtungen, dass sie dennoch Flüssigkeit aufnehmen kann.

Nicht anders ist das bei der großen Pferdezunge und deshalb kann eine Stute ihr Fohlen trocken lecken.

1 Bevor das Fohlen geboren wird, war es elf Monate im Bauch der Mutter. Wenige Tage vor der Geburt bildet sich Milch im Euter. Die Zitzen zwischen den Hinterbeinen der Stute werden dicker. Kleine, klebrige Tropfen treten an ihnen hervor. Sie werden Harztropfen genannt.

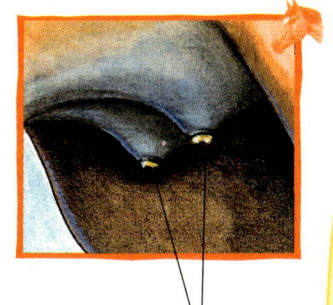

Harztropfen

Fohlen werden ohne Zähne geboren. Nach ungefähr sechs Tagen bekommen sie die ersten vier Schneidezähne. Es sind Milchzähne. Sie fallen mit zweieinhalb Jahren aus und werden durch bleibende Zähne ersetzt. Im Alter von fünf Jahren sind alle Milchzähne ausgewechselt.

4 Knapp eine Stunde nach der Geburt steht das Fohlen auf und geht zum Trinken an die Zitzen. Bald darauf kann es seiner Mutter schon im Galopp nachlaufen. Das ist in der freien Natur wichtig, denn es kann immer passieren, dass ein Raubtier in der Nähe ist und das Fohlen fliehen muss.

Warum haben Pferde immer Fliegen an den Augen?

Im Sommer sind sie eine wahre Plage für Pferde: Fliegen. Sie umschwirren ihren Kopf und setzen sich besonders gerne dahin, wo es so richtig nervt: an die Augen. Abschütteln lassen sich die Plagegeister nur für kurze Zeit.

Was die Augen der Pferde aus Fliegensicht so spannend macht, ist die Augenflüssigkeit.

Die mögen Fliegen nämlich besonders gerne. Das Problem ist aber nicht nur, dass die Fliegen die Pferde furchtbar nerven. Sie übertragen auch Viren und Bakterien, durch die sich die Augen entzünden. Wenn es im Sommer mit den Fliegen zu schlimm wird, helfen die Pferde einander oft. Sie stehen dann Nase an Schweif und wedeln sich gegenseitig die Fliegen weg.

Zwei Pferde wedeln sich gegenseitig die Fliegen weg.

Bremse

Zecke

Bandwurm

Es gibt noch andere Plagegeister, die sich für Pferde interessieren. Bremsen stechen die Tiere, um an ihr Blut zu kommen. Sie hinterlassen große, stark juckende Stiche.

Auch Zecken gehen im Sommer gerne auf Pferde, um an ihr Blut zu kommen. Sie bohren sich in die Haut hinein und lassen sich erst nach einigen Tagen, wenn sie ganz vollgesogen sind, wieder fallen. Zecken sollte man immer sofort entfernen, weil sie Krankheiten übertragen können.

Auf der Weide fressen die Pferde mit dem Gras oft auch Wurmeier und -larven.

Aus ihnen entwickeln sich dann im Darm Würmer, die das Pferd schwächen sowie Bauchschmerzen und Krämpfe verursachen können. Um die Pferde von Würmern zu befreien, macht man mit ihnen mehrmals im Jahr eine Wurmkur. Mit einem Medikament werden die Würmer im Körper getötet.

Kriebel-mücken

Oft umschwirren ganz viele kleine Mücken die Pferde. Es sind Kriebelmücken. Für eine Pferderasse sind sie ein besonderes Problem: die Isländer. Weil es auf Island keine Kriebelmücken gibt, kennt ihr Körper die Stiche dieser Mücken nicht und überreagiert mit stark juckenden Hautausschlägen. Wenn es ganz schlimm wird, hilft nur eine Spezialdecke, die den ganzen Körper vor den Kriebelmücken schützt.

So ist der Isländer vor Kriebelmücken einigermaßen geschützt.

Welches sind
die berühmtesten Pferde?

Pegasus

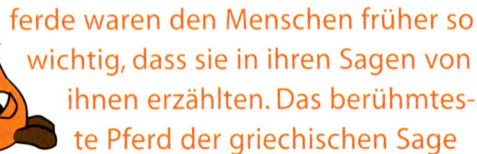

Pferde waren den Menschen früher so wichtig, dass sie in ihren Sagen von ihnen erzählten. Das berühmteste Pferd der griechischen Sage ist der geflügelte Pegasus. Er konnte sogar im Himmel reiten und trug für den obersten Gott Zeus Blitz und Donner.

Der große, achtbeinige Schimmel des germanischen Gottes Odin hieß Sleipnir. Dank seiner acht Beine wurde er nie müde.

Das Trojanische Pferd war kein lebendiges Pferd, sondern ein riesiges Holzpferd. Trotzdem entschied es einen Krieg. Das kam so: Jahrelang hatten die Griechen erfolglos versucht, die Stadt Troja zu erobern. Schließlich zogen sie ab, ließen aber ein großes Holzpferd zurück. Die Trojaner schleppten das Pferd als Beute in ihre Stadt. Was sie nicht wussten: Das Pferd war hohl. In der Nacht schlichen die darin versteckten griechischen Krieger heraus und eroberten Troja.

Sleipnir

Trojanisches Pferd

Black Beauty

Alexander und Bukephalos

Black Beauty und Fury sind auch keine echten Pferde, sondern ausgedachte. Es gibt sie nur in Büchern und Filmen.
In beiden Verfilmungen spielte ein American-Saddle-Horse-Hengst die Hauptrolle.

Alexander der Große (356–323 v. Chr.) war einer der größten Eroberer der Geschichte. Seinen schwarzen Hengst Bukephalos konnte keiner außer ihm reiten. Angeblich rettete ihm das Pferd mehrfach das Leben. Alexander ritt auf Bukephalos bis nach Indien. Dort starb das Pferd, und Alexander ließ ihm zu Ehren eine Stadt bauen, die er Bukephala nannte.

Hans Günter Winkler auf Halla

Halla wurde bei den Olympischen Spielen 1956 in Stockholm zur »Wunderstute«. Obwohl sich ihr Reiter, Hans Günter Winkler, im Wettkampf einen Muskelriss zugezogen hatte, trat er zum entscheidenden Umlauf im Mannschaftsspringen an. Bei jedem Sprung stöhnte er laut auf und konnte Halla nur noch zu den Sprüngen lenken, ihr aber keine Hilfen mehr geben. Die Stute meisterte den Parcours alleine und blieb als Einzige fehlerfrei. Damit gewann die Deutsche Mannschaft die Goldmedaille und Hans Günter Winkler holte Einzelgold.

Mauslexikon

Abzeichen: Abzeichen sind weiße Haare an Kopf und Beinen. Man kann Pferde anhand dieser angeborenen Merkmale gut unterscheiden. Die Abzeichen sind während des ganzen Lebens unveränderlich.

Barhufer: Pferd, das nicht beschlagen ist und somit ohne Hufeisen läuft.

Damensitz: Frauen, die im Damensitz reiten, haben beide Beine auf einer Seite des Pferdes. So kann man sogar mit langen Kleidern im Sattel sitzen.

Dressur: In der Dressur werden verschiedene Übungen mit den Pferden gemacht, damit sie beweglich bleiben und ausreichend Muskeln aufbauen, um das Reitergewicht zu tragen.

Equidae: Familie der Pferdeartigen, zu der neben Pferden auch Esel und Zebras gehören.

Fohlen: Ein Pferdekind wird Fohlen genannt. Es entwickelt sich elf Monate im Bauch der Mutter, bevor es geboren wird.

Gangarten: Die verschiedenen Gangarten des Pferdes unterscheiden sich danach, in welcher Reihenfolge das Pferd die Beine aufsetzt und wie schnell es dabei geht. Die Gangarten heißen Schritt, Trab, Galopp, Tölt und Pass.

Gebiss: Das Gebiss gehört zum Zaumzeug und besteht meist aus Metall. Es wird dem Pferd ins Maul gelegt, genau an die Stelle des Kiefers, wo das Pferd eine größere Zahnlücke, die Kieferlade, hat. Diese Stelle ist sehr druckempfindlich.

Großpferd: Alle Pferde, die 148 Zentimeter und größer sind, werden Großpferde genannt. Gemessen wird vom Boden bis zum Widerrist.

Hilfen: Mit den Hilfen macht der Reiter dem Pferd klar, was er von ihm möchte. Es gibt Schenkelhilfen, Kreuzhilfen, Gewichtshilfen, Zügelhilfen und Stimmhilfen.

Nüstern: Die Nasenlöcher des Pferdes heißen Nüstern. Sie sind so groß, damit das Pferd auch im Galopp sehr schnell sehr viel Luft einatmen kann.

Parcours: Der Parcours ist ein Gelände, auf dem verschiedene Hindernisse stehen, die bei einem Springwettbewerb in festgelegter Reihenfolge überwunden werden müssen.

Pferdeflüsterer: Der Pferdeflüsterer flüstert nicht mit den Pferden. Er verständigt sich mit den Pferden, indem er ihre Körpersprache nachahmt.

Pferderasse: Pferde, die nach ganz bestimmten, festgelegten Vorgaben gezüchtet werden und sich deshalb in Aussehen und Eigenschaften ähneln, bilden eine Rasse.

Pferdestärke: Maßeinheit für die Leistung von Maschinen und Motoren. Ein PS entspricht der Leistung eines Pferdes, das in einer Sekunde ein Gewicht von 75 Kilogramm einen Meter hochhebt.

Pony: Alle Pferde, die kleiner als 148 Zentimeter sind, werden Ponys genannt.

Przewalski-Pferd: Das Przewalski-Pferd ist das letzte lebende Pferd, das noch direkt mit dem Urpferd verwandt ist. Nachdem das Przewalski-Pferd schon fast ausgerottet war, leben heute wieder größere Herden wild in der Mongolei.

Schimmel: Pferd mit weißem Fell, weißer Mähne und weißem Schweif. Unter dem weißen Fell hat der Schimmel eine dunkle Haut.

Spannsägenapparat: Pferde können im Stehen schlafen, weil sie ihre Hinterbeine so feststellen können, dass sie auch im Schlaf nicht einknicken. Weil das Bein zwischen den Sehnen fest eingespannt wird, wie das Sägeblatt in einer Säge, nennt man diesen Mechanismus »Spannsägenapparat«.

Voltigieren: Voltigieren bedeutet Turnen auf dem galoppierenden Pferd. Das Pferd läuft dabei an der Longe im Kreis um die Longenführerin herum.

Zaumzeug: Das Zaumzeug besteht meist aus Lederriemen und Gebiss, die am Kopf des Pferdes befestigt werden. Über die Zügel kann der Reiter so auf das Pferd einwirken.

Register

Abzeichen 15

Barhufer 20

Damensitz 6
Dressur 34

Equidae 10
Esel 10

Fellfarben 14
Fluchttier 17
Fohlen 12, 48/49

Gangarten 32
Großpferd 12

Hengst 12
Hilfen 30
Huf 20
Hufeisen 20
Hyracotherium 5, 10, 18

Kaltblüter 13
Körperbau 17
Körpersprache 24, 28
Kutsche 9

Maulesel 11
Maultier 11
Mustang 26

Nahrung 18

Pferdeäpfel 19
Pferdeflüsterer 28
Pferderassen 12
Pferderennen 34
Pferdestärke 8
Polizeipferd 40
Pony 12
Przewalski-Pferd 26
Putzzeug 23

Sattel 44
Schäumen 42
Schmied 20
Springen 34
Stimmung 25
Stute 12, 48/49

Urpferd 4, 10

Vollblüter 13
Voltigieren 34

Wagen 9
Warmblüter 13
Westernreiten 34
Wildpferd 6, 20, 26

Zähne 18
Zaumzeug 45
Zebra 10

FRAG doch mal...

Die große Sachbuchreihe mit der Maus!

Kinder stellen die besten Fragen. Da kommen Erwachsene schon mal ins Grübeln.
Zum Glück gibt es jetzt die Sachbuchreihe mit der Maus, die auf jede Frage
eine gute Antwort weiß. »Frag doch mal ... die Maus!« lädt Kinder dazu ein, Schritt
für Schritt die Welt um sich herum zu entdecken.
Jedes Buch mit vielen Illustrationen, einer Ausklappseite, spannenden Aufdeckfolien,
einem großen Sammelposter – und natürlich mit der Maus!

Frag doch mal ... die Maus!
Ritter und Burgen
ISBN 978-3-570-13145-9

Frag doch mal ... die Maus!
Zeitreise
ISBN 978-3-570-13148-0

Frag doch mal ... die Maus!
Meere und Ozeane
ISBN 978-3-570-13151-0

Frag doch mal ... die Maus!
Unser Wald
ISBN 978-3-570-13146-6

Frag doch mal ... die Maus!
Dinosaurier
ISBN 978-3-570-13149-7

Frag doch mal ... die Maus!
Mein Körper
ISBN 978-3-570-13152-7

Frag doch mal ... die Maus!
Autos
ISBN 978-3-570-13147-3

Frag doch mal ... die Maus!
Flugzeuge
ISBN 978-3-570-13150-3

Frag doch mal ... die Maus!
Pferde
ISBN 978-3-570-13153-4

8004/9